CONSIDERATIONS
SUR
LA GUERRE
D'ALLEMAGNE.

Ecrit Anglois traduit sur la cinquieme Edition.

Se trouve

A PARIS,

Chez les Freres ESTIENNE, Libraires Rue St. Jacques, à la Vertu.

AVEC PERMISSION. 1761.